AF266336

GARDE A VOUS, PAYSANS!

PAR

M. Joseph REGNIER,

AVOCAT.

—

Prix : 5 Centimes.

—

NANCY,

Chez VAGNER, libraire, rue du Manége, 3.
GRIMBLOT, libraire, place du Peuple, 7.

—

1849.

A MON AMI

M. THIÉBAUT, D'INSMING.

CHAPITRE 1er.

PUISSANCE DES PAYSANS.

Garde à vous, paysans !

Car chacun vous fait la cour et cherche à vous exploiter; c'est à qui de nous autres bourgeois s'appellera cultivateur ou vigneron, vous promettra d'anéantir les impôts, vous serrera la main, vous embrassera, et tout cela pour obtenir vos voix.....

C'est l'histoire du renard et du corbeau.

Ecoutez les flatteurs et vous serez attrapés, aussi sûr que 2 et 2 font 4.

Savez-vous comment ils vous appellent dans leur intimité? Excusez ma franchise, ils vous appellent *imbéciles ;* oui, ces *imbéciles,* ces *butors,* ces *crétins* de paysans, voilà comme ils vous traitent quand vous avez le dos tourné. C'est dommage que M. de Montalembert ait démontré que, par le suffrage universel, ces imbéciles et ces butors tenaient dans leurs mains le sort de la France, et que vous étiez le *vrai peuple,* le *grand peuple.*

Et c'est vrai. Les paysans ne nous fournissent-ils pas, à peu près seuls,

les prêtres,

les soldats,

les instituteurs et institutrices populaires,

les sœurs d'hôpitaux,

les ouvriers des manufactures,

les domestiques,

Enfin tout ce qui demande le dévouement, le sacrifice de soi-même?

Les paysans sont une puissance politique.

Ne l'ont-ils pas bien prouvé par l'élection de Louis-Napoléon comme Président de la République, quand les villes voulaient nommer M. Cavaignac?

Les paysans sont une puissance territoriale.

Ne possèdent-ils pas tout le sol de la France par parcelles? ils l'ont payé assez cher : emprunts usuraires, hypothèques, ventes immorales présidées par les hommes d'affaires et les juifs; libations enivrantes, par lesquelles on commence par troubler l'esprit du paysan pour que son amour-propre et sa cupidité soient plus faciles à exploiter; on a tout mis en œuvre pour rendre, peu à peu, le paysan avide et maître de la propriété en détail. Qui est-ce qui s'en repent aujourd'hui? ce n'est pas lui, mais les mêmes gens qui l'ont tenté. Ah! messieurs les Georges Dandin de la finance campagnarde, vous avez voulu vendre la France en détail au paysan! il la tient; et ce qu'il tient, il ne le lâche pas. Certes, il aurait bien tort de la lâcher cette belle et bonne France, cette fleur de propriété, et chaque jour encore il consacre sa possession en l'arrosant de ses sueurs.

Comme puissance morale, les paysans ont bien aussi leur poids dans la balance de la Société. Lorsque la ville est gangrenée de rachitisme et de toutes les maladies que traîne après elle la corruption des mœurs, quand les habitants de la ville s'énervent même sans commettre d'excès, le paysan peut encore montrer assez fièrement sa santé, son régime modeste et méthodique, la pauvreté qu'il sou-

tient sans se plaindre, et les habitudes religieuses par lesquelles il se place au-dessus de ce monde misérable ,
sachant bien que cette vie ne fait qu'en précéder une autre
vraiment heureuse et noble, et seule digne de l'humaine
création. Ainsi à part quelques hommes grossiers et quelques filles abusées, c'est encore à la campagne qu'on retrou-
verait la morale et la religion, bannies de nos cités, et surtout de nos petites villes.

CHAPITRE II.

DIFFÉRENCE ENTRE LES OUVRIERS DE LA VILLE ET DE LA CAMPAGNE.

La puissance du paysan fait donc peur aux ennemis de
la propriété et de la religion. Tout en le maudissant, tout
en méditant sa ruine, l'écrasement de ses droits, la con-
fiscation de ses terres au profit de l'Etat (et ils disent tous
l'Etat, c'est moi), ils cherchent à le flatter, ils lui adressent
des discours, ils boivent à sa santé, à l'union, comme ils
disent de la blouse bleue et de la blouse grise, c'est-à-dire,
de l'ouvrier des villes et de l'ouvrier des campagnes. Le
paysan trinque et boit tant qu'on veut et a tout ce que l'on
veut : Il trinque donc à toutes vos santés, Messieurs, à l'union
des blouses bleues et grises avec du vin bleu ou gris, dût-
il en être gris lui-même ; mais c'est tout, vous n'aurez ni
sa confiance, ni son vote. Le paysan est plus fin qu'on ne
le pense, et vous lui persuaderez difficilement que ses
intérêts sont les vôtres ; pourquoi ? parce qu'il n'y a pas le

moindre rapport entre l'ouvrier de la ville et celui de la campagne.

L'ouvrier des villes vit au jour le jour : il n'a que ce qu'il gagne à la journée, sans lier le moins du monde son existence à celle de son maître ou plutôt de ses maîtres, car il en change selon son bon plaisir. Agité par les clubs, tenté par les cabarets, par l'exemple, l'impunité, la facilité, le secret de la prostitution et du concubinage ; entraîné par de mauvais discours, par de mauvaises habitudes peut-être ; souvent loin de sa famille ; privé de patronage moral, et plus encore de patronage religieux ; nourri dans les gargottes malsaines ou impures, respirant l'air épais des villes et des ateliers, ne faisant et ne pouvant faire aucune provision, n'ayant ni blé, ni bois, ni légume, ni bétail, enfin ni feu ni lieu ; recevant tout en argent et en bloc par semaine, ou par quinzaine, achetant tout, et toujours sans être payé en nature, sans partager le toit ni la table de son maître, restant souvent des semaines entières sans occupation, livré à la merci des compagnons ou des entrepreneurs, — l'ouvrier de la ville passe à chaque instant d'un excès de misère à un excès d'abondance : de l'intempérance au jeûne, et de l'oisiveté à la surcharge de travail : rien n'est simple dans sa vie, rien n'est régulier, à moins que, par exception, il n'ait reçu et gardé de ses parents, ou de ses patrons, des principes sévères contre les tentations qui l'assiègent, surtout contre l'incrédulité qui mène à tous les crimes, du moins à tous les vices, et finit par le désespoir.

Et où prendraient-ils des principes, ces pauvres ouvriers des villes, si leurs compagnons, leurs patrons, leurs familles elles-mêmes n'en ont pas, ou s'ils sont privés de famille, ou si leurs écoles communales repoussent avec une persévérance aveugle et fatale tout instituteur voué par serment au seul esprit qui puisse sauver le monde, l'esprit de pauvreté, d'obéissance et de pureté !!!

CHAPITRE III.

L'OUVRIER DE LA CAMPAGNE.

Rien de pareil à la campagne.

L'éducation y est placée sous la surveillance directe du premier magistrat civil de l'endroit, et indirectement sous la surveillance et le conseil du pasteur, avec lequel l'instituteur a mille raisons d'établir des relations d'affectueux respect.

L'enfant grandit comme l'oiseau des champs sous l'aile maternelle ; il suit sans efforts, presque sans étude, la marche de la vie agreste, le soin des troupeaux, le labourage, les récoltes, les affouages, les transactions publiques et particulières ; il devient sans s'en douter agriculteur et homme d'affaires. Quant à son éducation religieuse, il précède à l'église ses parents qui n'ont pas besoin comme la plupart des ouvriers de la ville, de l'y pousser de force à la suite d'un troupeau d'enfants. Il pense, il vit chaque jour de la même façon, sans désirer le changement, ignorant la bonne chère, rougissant de la débauche, montrant au doigt les ivrognes, et c'est dans ces conditions de calme qu'il arrive à l'âge viril, avec une raison fraîche et solide, un tempéramment fort et une droiture de conduite et de sens qui n'excluent nullement la finesse : j'en appelle à tous ceux de la ville qui ont traité d'affaires avec le moindre habitant de la campagne.

Et ce sont là les hommes que vous voudriez voir lier leurs intérêts à ceux des ouvriers des villes ! Il n'en ont que faire, c'est évident.

Laissez, laissez les ouvriers des villes s'entendre avec leurs patrons, l'ouvrier des campagnes n'augmentera pas leur cortége. Chefs de manufactures, d'ateliers, de magasins ou d'administrations, traînez après vous vos nombreux ouvriers, chassez devant vous et faites voter à votre discrétion vos subordonnés, vos clients, vos commis, vos esclaves : respectez le paysan : c'est chez lui que se réfugient la conscience publique, la simplicité, la droiture, l'indépendance nationale.

CHAPITRE IV.

LES COMITÉS D'ÉLECTIONS.

Partout s'organisent des Comités chargés de *diriger les élections*. Que signifie ce mot là ? Prend-t-on les électeurs pour des moutons qu'on mène à coup de houlette dorée ? Diriger les élections ! Diriger mon vote ! Est-ce que n'ai pas ma conscience pour me diriger ? Suis-je un imbécile comme vous pour qu'on me dirige, suis-je un Anglais pour vendre ma voix ?... Non, nos villages français n'ont rien de commun avec les bourgs-pourris d'Angleterre ; et je conviens que cette manière de voter d'après un Comité est absurde, elle nous fait nommer des inconnus ; c'est le *scrutin de liste* qui veut cela. Or, avec ce maudit scrutin de liste, les électeurs, surtout les paysans peuvent avec la plus grande indépendance, avec la plus grande droiture égarer ou éparpiller leurs votes, et les perdre, tandis que leurs ennemis, au contraire, dirigés avec unité et intelligence, y gagneront une force de plus, l'immense force de l'union.

Il faut donc se laisser diriger, mais par quel Comité? Voilà la grande question.

Est-ce par un Comité de grands propriétaires? il veut n'envoyer à l'Assemblée que de grands propriétaires et des capitalistes qui feront tout pour la grande propriété, tout pour les grandes fortunes et rien pour les petites.

Il nous ramènera vite, si vous le laissez faire, au beau temps de Louis-Philippe, alors que nul n'était électeur s'il n'était riche, et nul n'était exaucé s'il n'était électeur.

Voici un autre Comité, dit napoléonien pur : il n'admet de mérite que là où se trouve quelque souvenir militaire, et il fait un héros de chaque caporal, de chaque *mâchoire de l'Empire*. Enfin, le Comité se compose-t-il d'hommes sans fortune, sans souvenir, sans religion? Chacun de ses membres cherche à grimper sur l'arbre de la liberté comme sur un mât de cocagne en haut duquel sont accrochés d'abord neuf mille francs d'appointements et le tour du bâton, par exemple l'influence pour placer ses créatures et s'en faire de nouvelles.

Tous ces Comités, sans exception, sont un petit cercle de camarades qui veulent pousser *leur homme* et l'imposer aux autres. Chaque Comité fait à l'autre des politesses, des m'amours, pour lui faire porter cet homme sur leur liste, lui promettant de LUI rendre le même service, et SE promettant bien de lui jouer quelque tour au moment de l'élection.

Ainsi, de tous ces Comités, de tous ces petits tripots d'élection, lequel choisirez-vous, pauvres paysans ? — Aucun, me direz-vous, et nous ferons à nous-mêmes un Comité de *paysans purs*.

Non, vous seriez perdus. Vos paysans purs ne sauraient pas un mot des questions législatives que discutera l'Assemblée; ils n'ont pas fait des études nécessaires, et ils se laisseraient guider par d'autres députés plus habiles qui les feraient aller en dépit du bon sens.

Ferez-vous un comité de bourgeois campagnards? J'aimerais mieux des paysans tout purs. Pourquoi? c'est qu'il y a deux espèces de bourgeois campagnards ; les bons, les humbles, les charitables, les sobres, les hospitaliers sont en trop petit nombre : Et c'est grand dommage ; car je vois d'ici leur maison que j'aime, que les pauvres bénissent et appellent la maison du bon Dieu

Et l'autre espèce de bourgeois campagnards ! elle me fait horreur ; car depuis trente ou quarante ans sa race, enrichie des biens du clergé et de la noblesse contre lesquels elle ne cesse de crier, s'applique à démoraliser la campagne.

Oisive et sans lumières, elle n'a que des passions : et beaucoup d'argent et de temps pour les satisfaire. Tout l'y pousse : la chasse, la pêche, l'économie, l'abondance, la facilité des revenus, la santé, l'absence de troubles et d'émotions, la violence du tempéramment, doublé par la vivacité de l'air, l'excellence et la régularité du régime alimentaire.

C'est cette seconde espèce de bourgeois campagnards qui au lieu d'assurer, par son influence et sa richesse, le respect dû à Dieu, et la protection due au faible, se plaît au contraire à se moquer de la religion, séduire les filles, désoler d'honnêtes familles et montrer aux paysans à écraser l'âme sous la matière.

A un Comité composé de ces coqs de villages, orgueilleux et libertins, je préférerais cent fois un Comité de garçons de charrues qui jureraient de donner leur voix non-seulement à celui que les paysans aiment le mieux, mais *à celui qui sait le mieux aimer les paysans.*

CHAPITRE V.

CE QUE C'EST QU'AIMER LES PAYSANS.

C'est qu'il ne suffit pas d'aimer la campagne pour en comprendre les besoins : il faut, il faut surtout *aimer les paysans.*

Qu'est-ce donc qu'aimer les paysans ?

Ce n'est pas se borner à de belles paroles, à de trompeuses poignées de mains ; mais leur donner toujours des exemples sévères d'honnêteté, de droiture, de simplicité, d'étude, de travail, de compassion pour toutes les misères, de conciliation en affaires, de respect pour l'âge et l'expérience des vieillards, pour les yeux et les oreilles chastes des femmes et des enfants, pour l'autorité morale et matérielle ; c'est se montrer bon et fort pour le plus petit comme pour le plus grand.

Aimer les paysans ! c'est leur ouvrir à toute heure sa maison, leur dire la vérité à tout prix, les conseiller et les secourir dans toutes leurs nécessités et difficultés, prévenir ou arranger leurs procès, réconcilier les familles, faire des sacrifices de temps, d'argent, d'amour-propre, pour ramener parmi eux la religion, la paix, la santé, la science et les expériences utiles.

C'est fonder pour eux des écoles, capables de donner à leurs enfants non-seulement l'instruction de l'esprit, mais l'éducation du cœur, les bonnes manières et la haine de tout ce qui est laid et mauvais.

C'est établir pour eux des fermes vraiment modèles, dont les élèves ne soient plus comme par le passé des espèces de messieurs manqués, de patauds en redingote, qui méprisent la simplicité et la religion de leurs parents, qui n'adorent et n'aiment plus rien qu'eux-mêmes et qui rapportent de la ville non ce qu'il y a de bon, mais ce qu'il y a de pis :

Former à ces écoles de solides ouvriers, d'honnêtes et intelligents maîtres et garçons agriculteurs, maîtres amis de leurs serviteurs, serviteurs amis de leurs maîtres :

Fonder même au besoin, avec les enfants pauvres, des écoles spéciales d'aides en agriculture qui manquent partout et qui sont partout d'une nécessité première; serviteurs taillés à la manière antique, mangeant à la table du maître, témoins de ses peines, confidents de ses espérances, membres supplémentaires de sa famille, souvent même gendres futurs, mais en tout cas, race forte et sobre, destinée à perpétuer au village et partout les sentiments de la hiérarchie et l'habitude de l'obéissance dans la liberté.

Etablir des bibliothèques où les jeunes hommes et les jeunes filles trouvent un moyen de lutter contre la peste dont les colporteurs infestent la campagne; car on lit à la campagne comme on lit à la ville, et on lira les mauvais livres, si vous ne prêtez pas, si vous ne donnez pas les bons.

Décerner des prix aux jeunes gens sages et studieux; signaler à l'administration et encourager ceux chez qui perce le germe de l'invention et de l'art, germe sacré, trop souvent étouffé par les travaux énervants et la misère.

O vous, candidats pitoyables, qui à chaque élection vous posez devant le peuple comme une espèce de Dieu qui veut qu'on l'adore, ou comme un mendiant qui demande à genoux l'aumône de la députation! Cachez-vous, candidats, cachez-vous, plutôt que de publier vous-mêmes votre éloge : votre profession de foi ne professe de foi qu'en vous-mêmes et non en Dieu.

En tout cas si vous croyez en lui vous ne l'imitez guère, en vous offrant à toutes les consciences, en donnant des poignées de mains ou des coups de chapeaux à toutes les opinions, en vous applatissant devant tous les goujeats dont vous redoutez les suffrages, en pêchant l'électeur dans l'eau trouble des passions qu'agitent vos journaux et vos compères.

Il est écrit que Dieu ayant nourri le peuple qui le suivait affamé, l'ayant instruit et rassasié, vit que le peuple reconnaissant (cette fois du moins) voulait le proclamer roi : que fit l'homme Dieu, Messieurs les éligibles? rappellez-vous donc ce qu'il fit : il se cacha et s'enfuit. Allez donc vous cacher.

Aimer le paysan, aimer le peuple et vouloir le sauver, est-ce donc lui promettre l'abolition des impôts nécessaires pour mieux vous voter à vous-mêmes des appointements de député à 25 francs par jour, ou neuf mille francs par an, comme nous vous l'avons vu faire, merveilleuses sangsues à qui rien ne pouvait faire lâcher prise, et qui, lorsque l'ouvrier mourrait d'inaction et d'inanition, vous amusiez fort de joindre les appointements de représentant à vos quinze, trente et cinquante mille francs de revenu !

Rien que cela suffirait à faire voir aux gens de la campagne, s'il veulent réfléchir, quel candidat ils doivent choisir : et s'ils n'y réfléchissent pas, les pauvres diables seront si bien joués, si bien volés, qu'ils y perdront (et nous aussi) la liberté, la religion et la paix.

1° la liberté, car les trois quarts et demi des candidats actuels la détestent, cette liberté sainte, et ne rêvent qu'un maître dont ils puissent baiser les talons en grand habit de cérémonie ; 2° la religion, car elle gêne le gros appétit de ces messieurs, et leur fait honte de leurs gros appointements joints à leurs gros revenus ; elle repousse les maîtresses qu'ils adorent, et leur commande, par la bouche des prêtres qu'ils détestent, de visiter et soulager les pauvres qui affligent leurs yeux et leur soulèvent le cœur ; 3° la paix, et peut-être l'intégrité du sol de la patrie, car les mêmes gens qui par leurs finesses on amené le coup de foudre de février, n'ont d'autre envie que de remonter sur le char qu'ils ont si joliment mené dans l'ornière : hommes d'ordre qui croient faire de l'ordre avec les baïonettes seulement, et ramener l'ordre moral avec le désordre des idées. Il s'ensuivrait bientôt de tels chocs entre ces mêmes idées qui se disputent le monde que la victoire resterait, comme toujours, aux plus audacieux et aux plus violents : de quoi les puissances voisines instruites à leurs dépens, se ligueraient bientôt toutes ensemble contre la pauvre France qui n'y est guère préparée. Et, l'y fût-elle, sa victoire vous coûterait si cher, paysans mes amis, que les mots pour le

dire ne sont rien en comparaison de vos moindres souve-
nirs de 1814... Si vous avez perdu la mémoire, consultez
vos pères et vos mères : ils ne sont pas si vieux, elles ne
sont pas si vieilles, que vous ne puissiez encore les voir
frémir en pensant au sort que médite à votre patrie je ne
sais quel colosse du Nord, colosse au pied d'argile peut-
être, mais qui, seul, au milieu de la débâcle universelle
des potentats européens, reste debout, convaincu de sa mis-
sion terrible, et s'apprêtant, avant de tomber, à vous écraser de son poids au premier signe de DIEU...............
QUI SEUL PEUT VOUS SAUVER.

Songez-y, paysans mes frères, et garde à vous !

NANCY, IMPRIMERIE DE VEUVE RAYBOIS ET COMP.